Herbst

Winter

Tipps & Tricks zum Basteln

Bevor es losgeht...

Decke deinen Arbeitsplatz mit Zeitung oder einer Wachstischdecke ab und ziehe dir ein altes Hemd oder einen Malerkittel an. Farbe und Klebstoff landen gern da, wo sie nicht hingehören. Lege dir alle Materialien bereit, die du für deine Bastelarbeit brauchst, dann musst du während des Bastelns nicht suchen.

Wichtig: Viele Bastelideen kannst du schon allein umsetzen, kommen aber Cutter oder Bügeleisen ins Spiel, lass dir von einem Erwachsenen helfen!

Die Bastelkiste

Lege dir am besten eine kleine Bastelgrundausstattung an, so kannst du jederzeit loslegen.
Viele nützliche Materialien findest du bei dir zu Hause, wie Wäscheklammern, Strohhalme oder Wollreste. Es lohnt sich, auch leere Milchtüten, Klorollen oder Joghurtbecher zu sammeln. Aber Achtung: Wasche immer alles erst gründlich aus, bevor du damit bastelst.
Auch in der Natur findest du Kostbarkeiten zum Basteln, z. B. Zapfen, Muscheln oder Äste. Denke aber daran, keine lebenden Pflanzen zu zerstören.

Wenn du Lust zum Werkeln bekommst, schnappst du dir deine Bastelkiste, suchst dir ein Projekt aus und legst los! Vielleicht veranstaltest du einen Bastelnachmittag mit Freunden oder Geschwistern, gemeinsam macht Basteln nämlich noch viel mehr Spaß, und wenn du mal nicht weiter weißt, kannst du deine Mitbastler um Hilfe bitten.

Rein in die Bastelkiste

* flüssiger Klebstoff
* Klebestift
* Schere
* Cutter mit Schneideunterlage
* Geodreieck
* Acrylfarben
* Filzstifte
* Bleistift
* Permanentmarker
* Nadel und Faden
* dicke Wollnadel
* Pinsel
* Malerkreppband
* doppelseitiges Klebeband
* Masking Tape
* bunter Fotokarton
* Geschenkpapierreste
* Kopierpapier
* Wollreste
* Stoffreste
* Dekokram wie Glitter, Pailletten, Perlen usw.
* Kordel
* Chenilledraht
* Bänder und Borten

... und alles, was dir sonst noch gefällt!

Gestalten mit Farbe

Acryl-, Dispersions- oder Temperafarben eignen sich für Karton, Papier und Holz. Für das Bemalen von Stoff gibt es spezielle Textilfarben. Alle Farben bekommst du in verschiedenen Größen, sie lassen sich gut mischen und geben keine schädlichen Dämpfe ab.

Schneiden

Für die meisten Bastelarbeiten reicht eine Bastelschere. Filigrane Muster schneidest du mit einer Nagel- oder Silhouettenschere. Klebefolien oder Klebeband lassen sich am besten mit einer beschichteten Teflonschere schneiden, die normale Bastelschere verklebt hier leicht. Stoff schneidest du am besten mit einer Stoffschere. Wenn du einen Cutter verwendest, benutze eine Schneideunterlage und lass dir von einem Erwachsenen helfen.

Bastelschere

Silhouettenschere

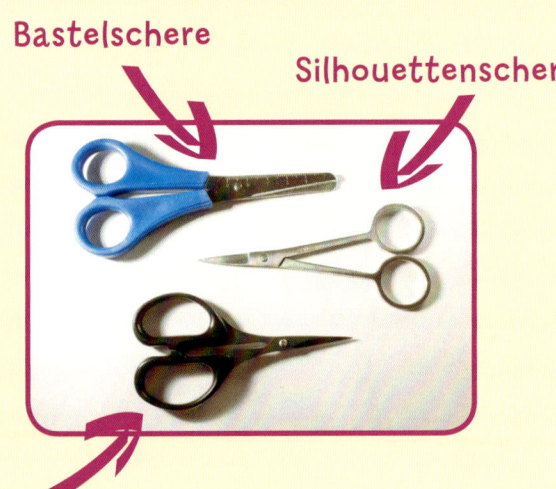

Teflonschere

Klebstoff

Für die meisten Bastelprojekte kannst du UHU Alleskleber aus der Tube oder Flasche verwenden. Papier lässt sich auch gut mit einem Klebestift (z. B. UHU stic) kleben. Brauchst du einen besonders starken Kleber, benutze z. B. UHU Alleskleber Kraft oder – zusammen mit einem Erwachsenen – eine Heißklebepistole.

Vorlagen übertragen

Für einige Projekte findest du hinten im Buch Vorlagen. Du kannst sie mit Kohlepapier übertragen. Lege dazu das Kohlepapier mit der beschichteten Seite nach unten auf dein Papier. Obenauf kommt die Vorlage, die du mit einem Bleistift nachzeichnest. So drückt sich der Umriss auf dein Papier und du kannst ihn ausschneiden.

Schablonen anfertigen

Möchtest du ein Motiv mehrmals ausschneiden, fertige dir am besten eine Schablone an. Übertrage deine Vorlage auf ein Stück Pappe und schneide das Motiv aus. Dann kannst du die Schablone auf dein Papier legen und mit dem Bleistift umfahren.

Kleine Näharbeiten

1 Der Vorstich (Heftstich) ist der einfachste Stich. Du verbindest damit Motivteile. Mache einen Knoten in das Fadenende, stich mit der Nadel durch den Stoff nach unten und im gleichen Abstand wieder nach oben.

Vorstich

2 Randeinfassungen stickst du im Schlingstich. Er wird immer von innen nach außen gestickt. Die Schlinge entsteht, indem du die Nadel beim Anziehen des Fadens über das Stickgarn legst.

Schlingenstich

3 Mit dem Stielstich kannst du Gesichter aufsticken, wie z. B. bei den Monsterstulpen auf Seiten 82/83.

Stielstich

Matratzenstich

Mit dem Matratzenstich kannst du Wendeöffnungen verschließen, ohne dass man die Naht sieht (z. B. bei den Sockenfreunden auf S. 62/63).

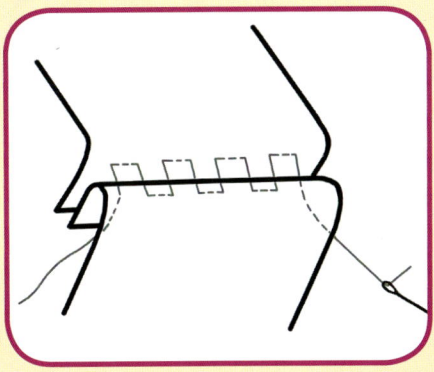

Häkeln

Luftmasche

Mit der Luftmasche beginnt jede Häkelarbeit. Knote in den Faden eine Schlaufe, stich mit der Häkelnadel hindurch und hole den Faden durch die Schlaufe, so entsteht eine neue Schlaufe. Das ist deine erste Luftmasche. Stich mit der Nadel wieder hindurch und hole den Faden vor, sodass eine neue Schlaufe entsteht, durch die du erneut stichst und den Faden holst. Setze diese Luftmaschenkette so lange fort, bis du deine gewünschte Maschenzahl hast.

Kettmasche

Die Kettmasche verwendest du, um z.B. eine Runde zu schließen. Die erste Masche der Runde wird mit der letzten Masche der Runde verbunden. Stich in die Masche hinein und hole den Faden, den du in einem Zug durch die Masche und die Schlinge ziehst, sodass nur eine Schlinge auf der Nadel liegt.

Und jetzt: Ran an die Bastelkiste und los gehts!

Frühling

Die ersten warmen Sonnenstrahlen schieben die Wolken weg: Endlich ist der Frühling da! Mit den fröhlich bunten Tiernasen aus Eierkartons und den Tellermasken für Karneval vertreibst du auch den letzten Rest vom Winter. Ostern steht vor der Tür, Frühlingsgeburtstage und der Muttertag – für all diese Anlässe findest du in diesem Kapitel tolle Anregungen zum Nachbasteln.

Karnevalsmasken

* 2 Pappteller
* Wattepads
* Holz- oder Plastikgabel
* alte Zeitung oder Zeitschriften
* Acrylfarben
* Wolle
* Pinsel
* flüssiger Klebstoff
* Schere

1, 2, 3 ...

1 Den inneren Kreis aus dem Teller schneiden. Zwei Ohren aus den Pappresten schneiden.

2 Die Ohren oben und die Gabel unten an die Maske kleben.

3 Die Maske mit Acrylfarbe anmalen und mit Zeitung bekleben.

4 Wolle mehrmals um die Hand wickeln, zusammenbinden und am anderen Ende aufschneiden.

5 Mehrere dieser Troddel an die Maske kleben.

... fertig!

6 Den halben Rand vom zweiten Teller als Verstärkung auf den unteren Rand des ersten Tellers kleben.

Das brauchst du

* leerer Eierkarton
* Acrylfarben
* Pinsel
* dicke Wollnadel
* Gummikordel, ø 1 mm
* Besen oder Spülbürste
* flüssiger Klebstoff
* Schere

Los gehts

1

Aus dem Eierkarton eine Spitze herausschneiden und die Kanten begradigen.

2

Je nach Tiernase die Kartonspitze mit Acrylfarbe in Grau, Grün, Gelb oder Orange grundieren.

3

Zähne, Nasenlöcher, rosa Bäckchen oder eine Schnauze aufmalen.

4

Seitlich mit der Nadel zwei Löcher in den Karton stechen.

5

Die Gummikordel durch die Löcher fädeln und an beiden Seiten festknoten.

Party!

6

Von Besen oder Spülbürste ein paar Borsten abschneiden. Kleine Löcher in die Nase piksen und die Barthaare hineinkleben.

Tütentöpfe

* leerer, sauberer Milch- oder Saftkarton
* Schere oder Cutter
* Geodreieck
* Filzstift in Schwarz
* Acrylfarben
* Pinsel
* ggf. Pflanzenerde
* ggf. Samen oder Setzling

1,2,3 - basteln!

1

Den Milchkarton in der Mitte durchschneiden.

2

An drei Seiten eine waagerechte Linie und an einer Seite Ohren aufzeichnen.

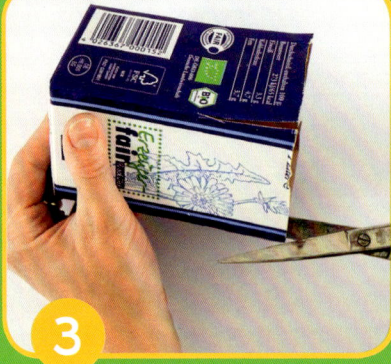

3

Alle vier Ecken bis zu der Linie einschneiden.

4

Entlang der eingezeichneten Kontur alles ausschneiden.

5

Den Topf mit weißer Acrylfarbe grundieren, trocknen lassen und bunt anmalen.

Geschafft

6

Ist die Farbe trocken, das Töpfchen befüllen oder bepflanzen.

Hängepflanze

Tipp!
Statt häkeln: Du kannst auch einfach zwei bis vier Löcher in den Rand piksen, eine Kordel hindurchziehen und das Töpfchen daran aufhängen.

- leere, saubere Plastikflasche
- Acrylfarbe
- Wolle
- dicke Wollnadel oder Lochzange
- Häkelnadel
- Pinsel
- Schere
- ggf. Kies oder kleine Steinchen
- ggf. Pflanzenerde
- ggf. Pflanze, z. B. Kräuter

Das brauchst du

Los gehts

1

Das untere Drittel der Flasche abschneiden und die Schnittkante nochmals versäubern.

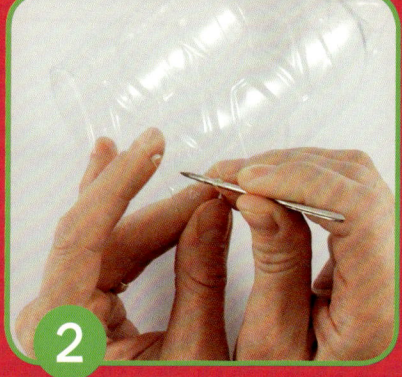

2

Mit der Nadel oder Lochzange im Abstand von ca. 1 cm Löcher in den oberen Rand stechen.

3

Den Topf mit Acrylfarbe anmalen und trocknen lassen.

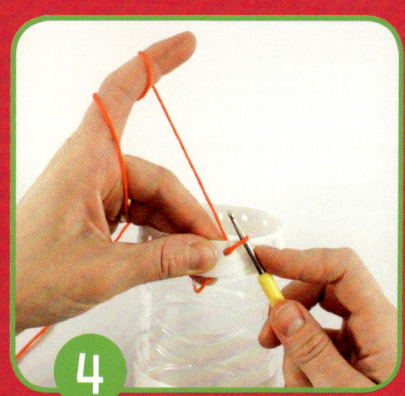

4

Mit der Häkelnadel durch ein Loch stechen und den Faden hindurchziehen. Den Faden holen und durch die Schlaufe ziehen. Zwischen den Löchern je drei weitere Luftmaschen häkeln (siehe S. 9).

5

Anfang und Ende mit einer Kettmasche verbinden. Von dort aus eine lange Luftmaschenkette als Aufhänger häkeln, welche am gegenüberliegenden Loch mit einer Kettmasche am Rand befestigt wird.

Fertig!

6

Den Topf erst mit Kies, dann mit Erde befüllen. Eine Pflanze eintopfen und aufhängen oder Topf als Vase nutzen.

Tipp!
Die Armreifen sehen auch
in unterschiedlichen Breiten
und mit Effektwolle, z. B.
Kupfermetallic, toll aus.

Stapel-armband

* leere, saubere Sta-
  pelchipsdose
* doppelseitiges Klebeband
* (Baum-)Wolle in verschiedenen Farben

* Permanentmarker
* Wollnadel
* Geodreieck
* Cutter
* Schere

1, 2, 3 ...

1

Mit einem Erwachsenen zusammen mit dem Cutter den oberen
Rand der Stapelchipsdose abschneiden.

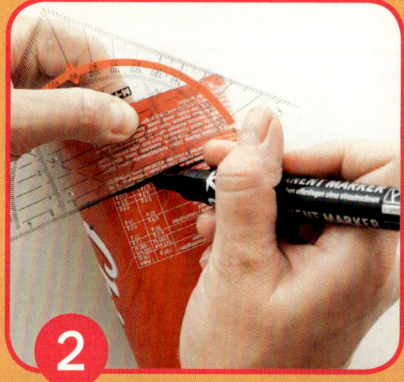

2

Eine Linie in ca. 3 cm Abstand
zum oberen Rand zeichnen. Mit
dem Cutter und der Hilfe eines
Erwachsenen entlang der Linie
schneiden.

3

Den Armreif mit doppelseitigem
Klebeband bekleben. Den Überstand abschneiden.

4

Schutzfolie abziehen und dicht
an dicht einen Wollfaden rund-
herumwickeln.

5

Das Wollende schräg auf das
Band kleben. Die nächste Farbe
schräg auf das Band kleben und
über beide Fadenenden wickeln.

... hübsch gemacht!

6

Das letzte Fadenende mit der
Nadel nach innen durch die
gespannten Fäden ziehen.

Osterbecher

Tipp!
So werden einfarbige
Becher zum Hingucker: Male
einfach nach Herzenslust
bunte Muster auf.

* Pappbecher
* Papier, bunt gemustert
* Chenilledraht
* Krepppapier in verschiedenen Farben
* Klebestift
* flüssiger Klebstoff
* dicke Wollnadel oder Lochzange
* Schere

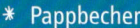

Los gehts

1

Den Pappbecher als Schablone auseinanderschneiden. Ränder und Boden entfernen.

2

Die Schablone auf dem Papier nachzeichnen. An einer der kurzen Seiten 1 cm Überstand lassen. Kontur ausschneiden.

3

Das Papier mit dem Klebestift bestreichen und auf den zweiten Pappbecher kleben. Fest andrücken und trocknen lassen.

4

Mit der Nadel links und rechts ein Loch in den oberen Becherrand stechen. Den Chenilledraht durchziehen.

5

Drei Krepppapier-Kreise (ø 4 cm) ausschneiden, aufeinanderlegen, durch ein Loch in der Mitte Chenilledraht stecken, Papier mit Chenilledraht befestigen.

6

Zwei weitere Blumen herstellen und alle zusammen am Henkel festkleben.

23

Das brauchst du

* Erdnüsse mit Schale
* Acrylfarben
* Pinsel
* Zahnstocher
* dünner Filzstift in Schwarz
* Tüll- oder Stoffreste
* Nadel und Faden
* flüssiger Klebstoff
* Schere

1, 2, 3 ...

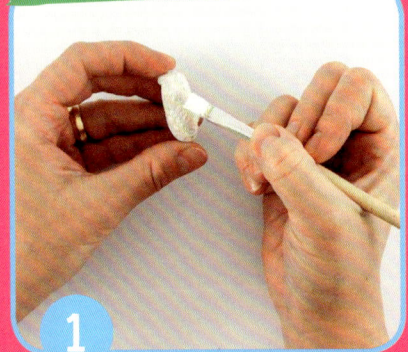

1

Die Erdnuss mit weißer Acrylfarbe grundieren.

2

Mit dem Zahnstocher oben ein Loch hineinpiksen, den Zahnstocher kürzen und als Schnabel in das Loch kleben.

3

Den Vogel kunterbunt anmalen und trocknen lassen.

... losfliegen

4

Mit dem Filzstift zwei Augen aufmalen.

5

Mit einem Zahnstocher dem Vogel in den Rücken piksen. Etwas Tüll (ca. 3 cm x 5 cm) zu einer Schleife verdrehen und in das Loch kleben.

6

Mit der Nadel einen Faden als Aufhänger nah am Körper des Vogels durch die Tüll-Flügel ziehen.

Gabelgauner

Das brauchst du

* Einwegbesteck, z. B. Holzgabeln oder Plastiklöffel
* Permanentmarker in Schwarz
* Filzstifte
* Stoff-, Papier- und Wollreste
* Bänder und Borten, Blümchen etc. (zur Dekoration der Kleider)
* flüssiger Klebstoff
* Schere

So gehts

1 Haare aus Wollresten um das Besteck wickeln.

2 Lustige Gesichter auf das Besteck malen.

3 Aus Stoff und Papier Kleider, Umhänge oder Mützen ausschneiden.

4 Die Kleidung zusammenfalten und an das Besteck kleben.

5 Am Hals den Stoff raffen und mit einem Stück Band umwickeln.

6 Die Kleider mit Bändern, Borten, Blümchen oder anderem dekorativen Material verzieren.

Muttertagsorden

* Papier-Muffinförmchen in verschiedenen Farben und Größen
* Fotokarton
* Sicherheitsnadel
* Bänder- oder Bortenreste
* Klebeband, z. B. Masking Tape
* Klebestift
* Schere

Vorlage Seite 93

Vorlage Seite 93

Das brauchst du

Los gehts

1

Ein Muffinförmchen in der Mitte falten und den Rand rundherum einschneiden.

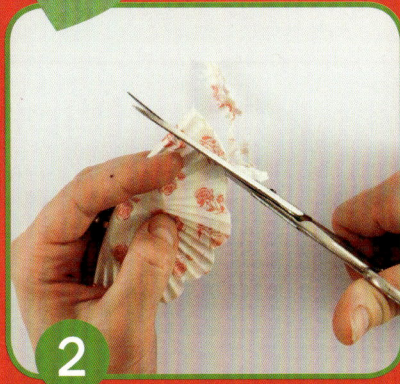

2

Anderes Förmchen mit Zacken oder Bögen etwas kleiner zurechtschneiden. Rand rundherum einschneiden. Mit einem weiteren Förmchen genauso verfahren.

3

Auf den Fotokarton ein Herz zeichnen und ausschneiden.

4

Alle Muffinförmchen von groß nach klein aufeinanderkleben und in die Mitte das Herz kleben.

5

Einen Kreis aus Fotokarton ausschneiden und mit Klebeband die Sicherheitsnadel aufkleben.

6

Bänder in der Mitte knicken und zwischen die Muffinförmchen und den Kreis kleben. Bänder schräg abschneiden.

Mini-Geburtstag

* leere Streichholzschachtel
* Masking Tape nach Wunsch
* Geburtstagskuchen-Kerze mit Halter
* Kordel

* Prägeband und -gerät oder Permanentmarker
* dicke Wollnadel
* Schere
* Cutter

1, 2, 3 ...

1

Streichholzschachtel rundherum mit Masking Tape bekleben.

2

Mit der Nadel ein Loch für den Kerzenhalter in die Ecke piksen.

3

Mit dem Prägegerät einen Geburtstagsgruß prägen und auf die Schachtel kleben. Oder mit dem Marker auf die Schachtel schreiben.

4

Für die Wimpelkette Tapestreifen (3 cm lang) zurechtschneiden. Mehrere Streifen im Abstand von 0,5 cm mittig unter eine 40 cm lange Kordel legen.

5

Tapestreifen aufeinanderlegen und an der Kordel festdrücken. Streifen beidseitig schräg abschneiden.

Happy Birthday!

6

Kerzen mit einem Cutter etwas kürzen. Girlande, Kerze und Kerzenhalter in der Schachtel verstauen.

Sommer

Im Sommer ist es draußen am schönsten, deshalb gibt es hier Anleitungen für superschnelle Papierraketen oder Shampoo-Boote, die wirklich schwimmen. Mit dem schicken, selbst bestempelten T-Shirt gehst du auf die nächste Gartenparty und bringst eine tolle Papiergirlande und die lautstarken, handbemalten Rasseln mit. Und wenn es doch mal regnen sollte, bastelst du eben Becherkraken oder flichtst dir ein Haarband aus den zu klein gewordenen T-Shirts des letzten Sommers. Langweilig wird dir bestimmt nicht!

Sommer-sprossen

Das brauchst du

* vorgewaschenes T-Shirt in Weiß
* Moosgummi
* dünne Pappe
* dicke Pappe, DIN A4
* Bleistift mit flachem Ende
* Textilfarben

* Backpapier
* Locher
* flüssiger Klebstoff
* Schere

Vorlage Seite 93

Los gehts

1

Mit dem Locher einen kleinen Kreis aus dem Moosgummi stechen.

2

Moosgummikreis als Stempel auf das flache Ende des Stifts kleben.

3

Die dicke Pappe in das T-Shirt legen. Das T-Shirt glatt ziehen.

4

Auf die dünne Pappe die Stern-Vorlage übertragen, ausschneiden und mittig auf das T-Shirt legen.

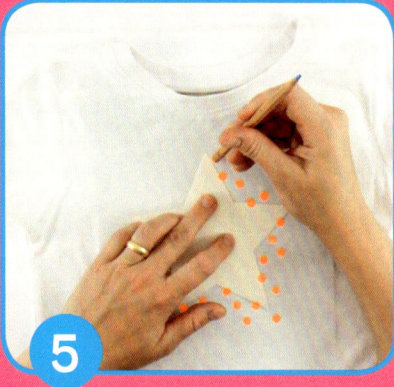

5

Mit dem Stempel verschiedene Farben dicht um den Stern herum stempeln. Stern abnehmen und Farbe 24 Stunden trocknen lassen.

6

Backpapier auf das Motiv legen. Mit der Hilfe eines Erwachsenen über das Motiv bügeln.

Tipp!
Du kannst auch einen Bleistift mit Radiergummi-Ende zum Stempeln benutzen.

Shampoo-Boote

* leere, ausgewaschene Shampoo- oder Duschgel-Flasche
* Weinkorken
* 2 Haushaltsgummis
* Schaschlikspieß
* Stoffrest
* flüssiger Klebstoff
* Cutter
* Schere

1, 2, 3 ...

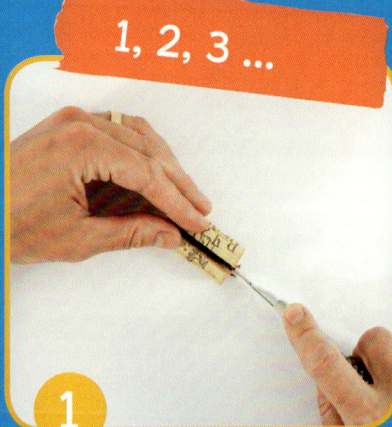

1

Mit der Hilfe eines Erwachsenen den Weinkorken mit dem Cutter der Länge nach durchschneiden.

2

Stoffrest rechteckig zurechtschneiden. Die Längsseite mit Klebstoff bestreichen und Schaschlikspieß umwickeln.

3

Den Stoffrest zu einem dreieckigen Segel schneiden.

4

Das Segel mittig in die gerundete Korkenhälfte stecken.

... fertig!

5

Korkensegel auf die Shampoo-Flasche setzen und mit zwei Gummibändern befestigen.

Tipp!

Wenn du magst, kannst du Boot und Segel noch mit Klebefolie, buntem Papier oder Masking Tape verzieren.

Rennautos

* Holzwäscheklammer
* Acrylfarbe oder Masking Tape
* 4 gleichgroße Knöpfe
* Strohhalm
* plastikummantelter Draht (liegt z. B. Gefrierbeuteln bei)
* Pinsel
* flüssiger Klebstoff
* Schere

Start ...

1

Wäscheklammer mit Acrylfarbe bemalen oder mit Masking Tape bekleben.

2

Strohhalm in die Wäscheklammer klemmen und mit ca. 2 mm Abstand abschneiden. Ein zweites gleich großes Strohhalmstück abschneiden.

3

Draht durch zwei Löcher eines Knopfes fädeln. Strohhalmstück über beide Drahtenden schieben.

4

Die Drahtenden jeweils durch die Löcher des zweiten Knopfes schieben. Draht verzwirbeln. Überstand abschneiden. Zweites Radpaar anfertigen.

5

Das Strohhalmstück des einen Radpaares in die Aussparung der Wäscheklammer legen.

... Ziel

6

Das andere Radpaar am Strohhalm hinten in die Klammer kleben.

Tipp!
Die Strohhalme sollten
locker zwischen den
Knöpfen liegen, damit
sich die Drähte in den
Strohhalmen drehen
können.

Wimpelkette

Tipp!

Ein erwachsener
Helfer kann dir die
Wimpel auch mit
der Nähmaschine
aneinandernähen.

* Papier in verschiedenen
  Farben, ca. 15 cm x 15 cm
  (z. B. Origami-Papier)
* Nadel und Faden
* Schere

Losbasteln!

1

Das Papier diagonal in der Mitte falten.

2

Das Dreieck von einer Ecke zur gegenüberliegenden falten.

3

Ein drittes Mal falten, bis ein kleines Dreieck entsteht.

4

Kleine Formen aus den beiden gefalteten Rändern herausschneiden. Nicht den offenen Rand zerschneiden!

5

Das Papier auffalten und glatt streichen. Mehrere solcher Wimpel herstellen.

6

Mit der Nadel und einem langen Faden die Wimpel mit großen Stichen aneinandernähen.

Rasselbande

* Überraschungsei
* etwas Reis
* 2 Plastiklöffel
* Malerkreppband
* Acrylfarbe in Weiß
* Acrylfarben
* evtl. Masking Tape
* Konfetti (z. B. selbstgemacht mit einem Locher) oder Glitter
* Chenilledraht
* Klebestift
* Pinsel

1, 2, 3 ...

1

In die leere, gelbe Verpackung aus dem Überraschungsei einen Esslöffel Reis füllen. Gut verschließen.

2

Das Reis-Ei zwischen die Plastiklöffel klemmen und komplett mit Malerkreppband umwickeln.

3

Die Rassel mit weißer Acrylfarbe grundieren. Trocknen lassen und nochmal weiß anstreichen.

4

Den Löffelstiel mit bunten Acrylfarben bemalen oder mit Masking Tape umwickeln.

5

Rasselkopf gleichmäßig mit Klebestift bestreichen und in Konfetti oder Glitter wälzen.

... fertig!

6

Rassel mit glitzerndem Chenilledraht verschönern.

Tipp!
Die Rassel sieht
auch schön aus,
wenn du sie einfach
nur bunt anmalst!

Windfänger

* Klopapierrolle
* Papier und Krepppapier in verschiedenen Farben
* 2 Wackelaugen
* Bürohefter
* Masking Tape
* Kordel
* dicke Wollnadel
* Klebestift
* Schere

Basteln, 1, 2, 3 ...

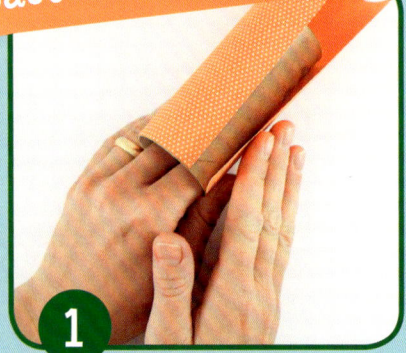

1

Buntes Papier auf die Klopapierrolle kleben und feststreichen. Überstehendes Papier abschneiden.

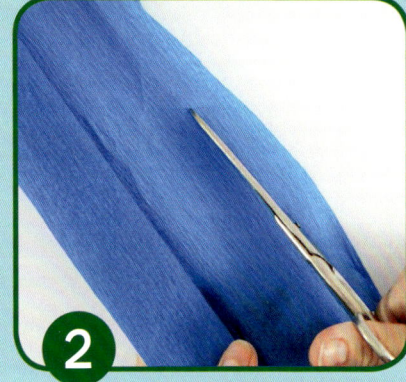

2

Etwa zehn 2 cm breite Streifen vom Krepppapier-Bogen abschneiden.

3

Streifen rundherum mit dem Bürohefter an einem Ende der Klopapierrolle befestigen.

4

Die Heftklammern außen mit Masking Tape überkleben. Das andere Ende der Rolle auch mit Tape verschönern.

5

Mit der Nadel eine ca. 20 cm lange Kordel als Aufhänger durch das obere Rollenende ziehen. Kordel zusammenknoten.

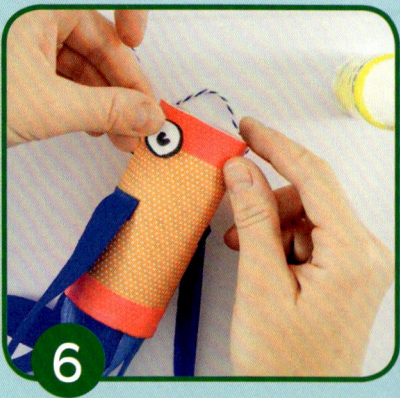

6

Seitlich zwei Krepppapier-Flossen und Augen aufkleben oder -malen.

Papierraketen

Das brauchst du

* Papier
* Filzstifte
* Strohhalm
* Bunt- oder Bleistift
* Masking Tape
* Klebeband
* Schere

10, 9, 8 ...

1

Aus dem Papier ein Rechteck (ca. 8 cm x 15 cm) ausschneiden.

2

Rechteck nach Lust und Laune mit Filzstiften bemalen.

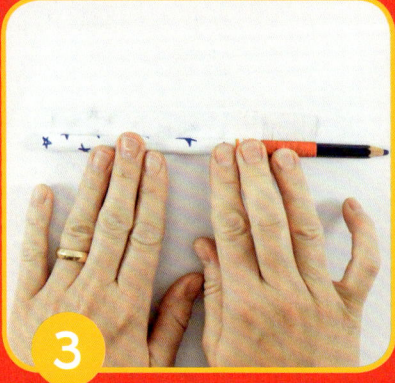

3

Einen Bunt- oder Bleistift längs auf das Papier legen. Papier über den Stift zu einem Röhrchen rollen.

4

Mit Masking Tape ein Ende des Röhrchens umwickeln. Aber nicht am Stift festkleben!

5

Ca. 1,5 cm vom anderen Ende umknicken und mit Klebeband fixieren.

Attacke!

6

Buntstift entfernen und stattdessen den Strohhalm in das Röhrchen stecken. Pusten ... und die Rakete hebt ab!

* Pappbecher
* Papier nach Wunsch
* Wolle
* ggf. Wackelaugen
* Kordel als Aufhänger
* Klebestift
* Bleistift
* dicke Wollnadel
* Schere

Und los ...

1

Einen Pappbecher als Schablone auseinanderschneiden, den Rand und Boden entfernen.

2

Die Schablone auf dem Papier nachzeichnen. An einer der kurzen Seiten 1 cm Überstand lassen. Die Kontur ausschneiden.

3

Das Papier auf den zweiten Pappbecher kleben. Fest andrücken und trocknen lassen.

4

Mit der Nadel im Abstand von ca. 1,5 cm rundherum Löcher in den Rand stechen.

5

Für jedes Loch zwei ca. 40 cm lange Wollfäden in der Mitte knicken. Den Knick durch ein Loch fädeln und die Fadenenden durch die Schlinge ziehen.

... fertig

6

Ein Gesicht aufmalen oder aufkleben. Ein Stück Kordel als Aufhänger durch zwei Löcher im Becherboden ziehen und verknoten.

Sonnengruß

Oma
Geburtstag
15⁰⁰

Tipp!
Du kannst auch Heißkleber
verwenden. Lass dir dann
aber unbedingt von einem
Erwachsenen helfen.

* Korkuntersetzer, ø ca. 18 cm
* 16 Holz-Wäscheklammern
* Acrylfarbe in Gelb
* Pinsel
* 2 Reißzwecken
* Kordel, ca. 25 cm lang
* flüssiger Klebstoff
* Schere

Los gehts

1

Die Griffe der 16 Holz-Wäsche-klammern gleichmäßig verteilt auf den Rand des Korkunterset-zers kleben.

2

Klammern und Untersetzer mit Acrylfarbe anmalen. Ggf. mehrmals anmalen, bis alles satt gelb ist.

3

An jedem Ende der Kordel eine Reißzwecke festknoten.

4

Kordel als Aufhänger auf der Rückseite des Untersetzers fest-piksen.

Fertig!

5

Nach Lust und Laune Postkarten, Fotos oder Zeichnungen an die Sonne klemmen.

T-Shirt-Haarband

* 3 alte T-Shirts
* Sicherheitsnadel
* Nadel
* farblich passendes Nähgarn

Schnipp, Schnapp ...

1

Von jedem T-Shirt einen ca. 5 cm breiten und 80 cm langen Streifen abschneiden.

2

Sicherheitsnadel durch die drei Streifenenden stechen und z. B. am Hosenbein befestigen. Festen Zopf flechten.

3

Die Länge des Haarbandes am Kopf abmessen. Überschuss abschneiden.

4

Anfang und Ende des Zopfes mit farblich passendem Garn zusammennähen.

5

Kleines Rechteck (ca. 3 cm x 5 cm) aus T-Shirt-Stoff ausschneiden. Stramm um die Nahtstelle wickeln.

... schick gemacht

6

Mit eine paar Stichen das Rechteck am Haarband festnähen.

52

Tipp!
Du kannst das
Rechteck auch
mit ein paar
Tropfen Kleb-
stoff festkleben.

Herbst

Draußen stürmt es, der Regen prasselt gegen die Fenster? Prima, dann kannst du jetzt deine Bastelkiste rausholen und z. B. kuschelige Sockenfreunde aus Einzelsocken nähen oder witzige Tiere aus den Zapfen basteln, die du auf deinem letzten Herbstspaziergang gefunden hast. Du hast keine Lust mehr auf Regen? Dann helfen dir vielleicht die Taschentuchgeister, die laut japanischer Tradition schönes Wetter bringen, wenn man sie ins Fenster hängt.

Steckenpferd

* leere, saubere Plastik-
  flasche (z. B. dunkle
  Saftflasche)
* starkes Gummi- oder
  Kreppband
* Fotokartonreste in Braun,
  Rosa, Schwarz und Weiß
* Filzstift in Schwarz
* Wolle
* Webband, 2 m lang

* dicker Stab (z. B. Besenstiel)
* ggf. Heißklebepistole
* Klebstoff
* Schere

Vorlagen Seite 93

Das brauchst du

Los gehts

1

Flasche knicken und an der Knick-
stelle zusammenkleben. Zum
Trocknen mit dem Gummi- oder
Kreppband fixieren.

2

Aus dem braunen und rosafar-
benen Fotokartonrest Ohren und
Innenohren ausschneiden und
zusammenkleben.

3

Kreise aus Fotokarton für Nasenlöcher und Augen ausschneiden
und zusammenkleben. Pupillen
mit dem Filzstift aufmalen.

4

Webband als Halfter um die
Pferdeschnauze kleben. Augen,
Nüstern und, oben an der Knick-
stelle, Ohren ankleben.

5

Zwei Troddel aus Wolle herstellen (siehe S. 12, Schritt 4) und als
Pony und Mähne ankleben.

6

Besenstiel in Flaschenhalsöff-
nung stecken und Webband als
Zügel festkleben.

Milchlaterne

* leere, saubere Milchtüte, 1,5 l
* Acrylfarbe oder Sprühlack in Weiß
* buntes Transparentpapier
* dünner Draht- oder Kordelrest
* Geodreieck
* Bleistift
* dicke Wollnadel oder Lochzange
* Pinsel
* Klebestift
* Schere
* Cutter

Sonne, Mond und ...

1

Milchtüte mit weißer Acrylfarbe grundieren. Gut trocknen lassen und erneut grundieren.

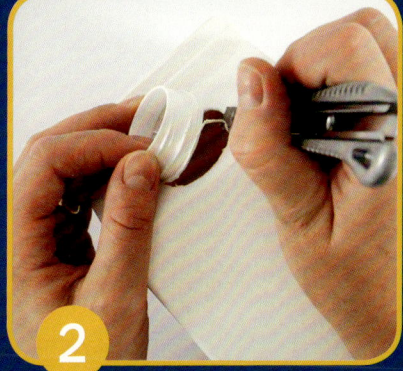

2

Mit einem erwachsenen Mitbastler mit dem Cutter den Ausguss herausschneiden.

3

Mit Geodreieck und Bleistift auf drei Seiten Fenster einzeichnen, auf der vierten Seite eine Türe.

4

Entlang der eingezeichneten Linien Fenster ausschneiden. Die Tür sollte zum Aufklappen sein.

5

Transparentpapiere zurechtschneiden und von innen hinter die Fenster und die Tür kleben.

... Sterne

6

Mit der Nadel zwei kleine Löcher in den „Dachfirst" piksen und den Draht als Aufhänger durchfädeln.

Waldfänger

* trockene, gerade Zweige
* Acrylfarben nach Wunsch
* Nähgarn in Weiß
* Heißklebepistole oder Blumendraht
* Pinsel
* Garten- oder Geflügelschere

Los gehts

1

Von den Zweigen mit der Gartenschere acht Stücke à 8 cm und acht Stücke à 5 cm abschneiden.

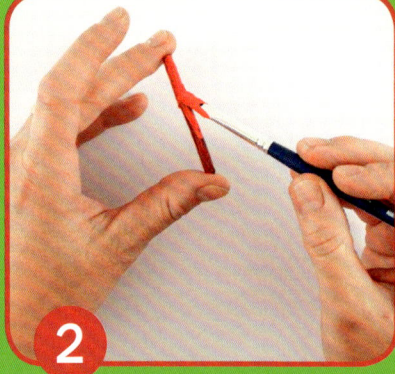

2

Die Holzstücke mit Acrylfarbe bunt anmalen und trocknen lassen.

3

Mit einem Erwachsenen jeweils die gleichgroßen Holzstücke mit Heißkleber leicht schräg aneinanderkleben ...

4

... oder die Enden der Ästchen mit Draht aneinanderwickeln.

5

Die beiden Waldfänger mit Garn aneinanderknoten und eine Schlinge als Aufhänger durch die Spitze ziehen.

Juhu, fertig!

Socken-freunde

* 2 verschiedenfarbige Socken
* Füllwatte oder Watte
* 2 größere und 2 kleinere Knöpfe
* Wollreste
* Nähnadel und Faden
* dicke Wollnadel
* Schere
* ggf. Zickzackschere

1, 2, 3 ...

1

Den Fuß des Sockens abschneiden. An der Schnittstelle ein halbmondförmiges Stück mit Vorstich (siehe S. 9) abnähen.

2

Mit der Schere oder der Zickzackschere den Halbkreis entlang der Naht ausschneiden.

3

Den Socken wenden und gut mit Watte ausfüllen.

4

Die Öffnung mit Matratzenstich zunähen (siehe S. 9).

5

Den Fuß des zweiten Sockens abschneiden und die Schnittstelle zunähen. Socken wenden und über den gefüllten Socken ziehen.

... fertig!

6

Die Knöpfe aufeinanderlegen und als Augen aufnähen.

Witzgesichter

* alte Zeitschriften
* Magnetband oder Magnetfolie
* doppelseitiges Klebeband
* Schere
* ggf. flüssiger Klebstoff
* ggf. Papprest
* ggf. kleine, flache Magnete

Los gehts

1

Aus den Zeitschriften möglichst unterschiedliche großformatige Gesichter aussuchen.

2

Aus den Gesichtern Augen, Nasen, Münder, Brillen und Bärte grob ausschneiden.

3

Gesichtsteile mit doppelseitigem Klebeband auf das Magnetband kleben.

4

Umrisse möglichst exakt nachschneiden.

5

Mit den Magneten auf einer Metallunterlage (z. B. Kühlschrank) lustige Gesichter zusammenstellen.

Tipp!

Du kannst die Gesichtsteile auch mit doppelseitigem Klebeband erst auf Pappe und dann auf kleine, flache Magnete kleben.

Specht

* Papier
* bunte Filzstifte
* Strohhalm
* großer Haushaltsgummi
* 2 kleine Holzperlen oder Stöckchen
* Klebestift
* Schere

Vorlage Seite 92

So gehts

1

Vogel-Vorlage auf das Papier übertragen und ausschneiden.

2

Beide Vogelhälften nach Lust und Laune mit Filzstiften bemalen.

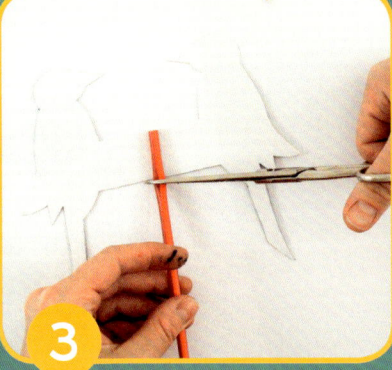

3

Ein Stück Strohhalm in die Mitte kleben. Strohhalm zurechtschneiden.

4

Die beiden Vogelseiten aufeinanderkleben und festdrücken.

5

Gummi auseinanderschneiden und durch den Strohhalm ziehen.

6

Holzperlen beidseitig an den Gummi-Enden befestigen. Vogel nach oben an die Perle schieben. Gummi senkrecht spannen und den Specht loslassen!

Schuhkartonhaus

* großer Schuhkarton mit Deckel
* Papier, Tapetenreste, Geschenk-
  papier o. Ä. nach Wunsch
* ein Stück dicken Karton
* alte (Wohn-)Zeitschriften oder
  Möbelkataloge
* Acrylfarbe
* Klebestift
* Klebeband
* Pinsel
* Schere

Das brauchst du

1

Für das Dachgeschoss die Ecken einer langen Deckelseite einschneiden. Die kurzen Deckelseiten mit Klebstoff bestreichen.

2

Aus dem dicken Karton zwei passende Dreiecke ausschneiden und an die kurzen Deckelseiten kleben.

3

Dachgeschoss mit Klebstoff und Klebeband am Schuhkarton ankleben.

… gebastelt!

4

Tapetenreste und buntes Papier an die Wände und als Bodenbelag aufkleben.

5

Fenster und Türen ausschneiden. Mit Acrylfarbe Fenster- und Türrahmen aufmalen.

6

Aus Zeitschriften Möbel, Lampen, Teppiche usw. ausschneiden und ins Haus kleben.

Zapfentiere

* Zapfen (Kiefernzapfen eignen sich besonders gut)
* bunte Filzreste
* flüssiger Klebstoff
* Schere

Los gehts

1 Zweimal drei Kreise (ø 2,5 cm, 2 cm und 1,5 cm) aus Filz ausschneiden. Die zwei großen Kreise fransig einschneiden.

2 Zwei Kreise (ø 1 cm) aus schwarzem Filz ausschneiden. Aus den Kreisen eine kleine Zacke ausschneiden.

3 Alle Kreise der Größe nach aufeinanderkleben. Trocknen lassen. Die Augen auf die Zapfen kleben.

4 Unterschiedlich lange Flügel ausschneiden und jeweils unten einschneiden. Flügel der Größe nach aufeinanderkleben.

5 Die Flügel rechts und links an die Zapfen kleben.

6 Für den Schnabel ein Dreieck aus Filz ausschneiden und zwischen die Augen kleben.

Taschentuchgeister

* altes Stofftaschentuch
* Füllwatte
* Kordel- oder Wollreste
* Bänder- oder Bortenreste
* Permanentmarker in Schwarz
* Neonmarker in Neonpink
* dicke Wollnadel
* Pompons, Bommelband oder Filz
* Schere
* ggf. Zickzackschere

1 Zusammengeknüllte Füllwatte in die Mitte des Taschentuchs legen.

2 Taschentuch eng um die Wattefüllung legen. Zipfel so lange nachziehen, bis die Kugel schön prall und rund ist.

3 Etwas Kordel herumwickeln, festziehen und verknoten. Darüber das Band oder die Borte verknoten.

4 Augen, Mund und rosafarbene Bäckchen aufmalen.

5 Mit der Nadel die Kordel als Aufhänger oben durch den Stoff ziehen und verknoten.

6 Den Geist mit Pompons oder Schleifchen verschönern.

Tipp!

Wenn du kein Stofftaschentuch hast, schneide einfach
ein quadratisches Stück
Stoff aus - am besten mit
einer Zickzackschere.

Winter

Im Winter macht das Basteln besonders viel Freude, denn Weihnachten steht vor der Tür und das Haus will geschmückt werden. Als schöne Dekoration für den Advent kannst du kleine Wurzelwichtel bemalen oder deine ganze Familie in kitschig-bunte Weihnachts-engel verwandeln. Gestalte mit deinen Füßen eine ganz besondere Weihnachtskarte oder gieße Kerzenständer als Geschenk für deine Oma oder deine Lieblingstante. Und wenn das große Fest vorbei ist, bastelst du dir Monsterstulpen gegen die Kälte!

Wurzelwichtel

* trockene, gerade Zweige und/oder Äste
* Acrylfarbe in Weiß und Rot
* dünner Filzstift in Schwarz
* Pinsel
* Gartenschere

Los gehts

1 Mit einem Erwachsenen 8–10 cm lange Zweigstücke mit der Gartenschere zurechtscheiden. Oben schräg anschneiden.

2 Einen weißen Bart rund um die schräge Schnittfläche malen.

3 Mit roter Farbe auf die Spitze der Schnittfläche eine Zipfelmütze malen.

4 Mit Filzstift zwei kleine Kulleraugen aufmalen.

5 Nach Lust und Laune mehrere Wurzelwichtel herstellen.

Tipp!
Mit einer Säge (z.B. Kapp- oder Gehrungssäge) kann ein erwachsener Helfer auch ein paar dickere Äste zurechtsägen.

Familienbande

* Fotokarton
* Papier-, Tapeten- oder Geschenkpapierreste
* Familienfotos
* kleine Tortenspitzen oder Metallfolie
* Bänder, Borten, Bommeln
* Glitzerkram und Edelsteine zum Aufkleben

* Chenilledraht
* Nadel und Faden
* Klebeband
* Klebestift
* Schere

Vorlage Seite 93

1, 2, 3 – basteln!

1

Die Engelkörper-Vorlage auf Fotokarton übertragen und mit der Schere ausschneiden.

2

Engelkörper mit buntem Papier, Glitzer, Borten usw. verzieren. Chenilledraht auf der Rückseite mit Klebeband befestigen.

3

Tortenspitze als Flügel zurechtschneiden und von hinten an den Engel kleben.

4

Oder: Flügel-Vorlage aus Fotokarton herstellen. Auf Metallfolie übertragen, ausschneiden und ankleben.

5

Aus Familienfotos die Gesichter ausschneiden und in den runden Heiligenschein kleben.

6

Mit der Nadel einen langen Faden als Aufhänger durch den Heiligenschein ziehen und verknoten.

Oh du fröhliche ...

Weihnachtskarte

* Fotokarton oder Klappkarte in Weiß
* Papier in verschiedenen Farben
* Fingerfarbe in Grün und Braun
* Glitter oder Glitzerkleber
* kleine Plastikedelsteine
* verschiedene Pailletten
* Chenilledraht in Rot-Weiß gestreift
* flüssiger Klebstoff

Los gehts

1

Fuß mit grüner Fingerfarbe bestreichen und vorsichtig auf den Karton treten. Füße abwaschen und Farbe trocknen lassen.

2

Karte zurechtschneiden.

3

Unter den Zehenabdruck einen braunen Baumstamm malen.

4

Etwas Klebstoff im Zickzack über den Baum verteilen. Glitter drüberstreuen. Überschuss abschütteln.

5

Baum nach Belieben mit Zuckerstangen aus Chenilledraht, Pailletten, Edelsteinchen usw. verzieren.

Schön geworden!

Kerzen-halter

* leere, saubere Mini-Joghurt-becher
* Gips
* Plastikschüssel
* Holzlöffel
* Wachskerzen
* Acrylfarben zum Verzieren

1, 2, 3 ...

1 Etwas Wasser in die Schüssel geben. Gipspulver nach und nach unterrühren, bis der Gips eine ähnliche Konsistenz wie Joghurt hat.

2 Joghurtbecher zur Hälfte mit Gips füllen und ungefähr zwei Minuten abwarten, bis der Gips beginnt fest zu werden.

3 Kerzen gerade in die Masse hineinstecken. Über Nacht hart werden lassen.

4 Joghurtbecher einfach vom Gips abschälen.

5 Durch vorsichtiges Rütteln und Drehen die Kerze entfernen.

... fertig!

6 Den Kerzenhalter nach Wunsch bemalen, die Kerze säubern und wieder hineinstecken.

Spitzendeko

* 3 kleine Tortenspitzen
  (ø ca. 10 cm)
* dünne Kordel oder Stickgarn
* Perlen nach Wunsch
* kleines Glöckchen (z. B. vom
  Gürtel des Schoko-Nikolaus)
  oder Lüsterkristall
* Wäscheklammer
* Nadel
* Geodreieck
* Schere

Los gehts

1

Mit dem Geodreieck eine Linie durch die Mitte einer Tortenspitze zeichnen.

2

Alle drei Tortenspitzen exakt aufeinanderlegen und mit der Wäscheklammer fixieren.

3

Spitzen an der Linie mit der Kordel oder dem Stickgarn mit kleinen Vorstichen (siehe S. 9) zusammennähen.

4

Auf das eine Garnende ein paar bunte Perlen fädeln. Jede Perle mit einem Knoten fixieren.

5

Zum Schluss das Glöckchen oder den Lüsterkristall auffädeln.

6

Die einzelnen Tortenspitzen über die Nahtlinie knicken und zu einer Kugel auffächern.

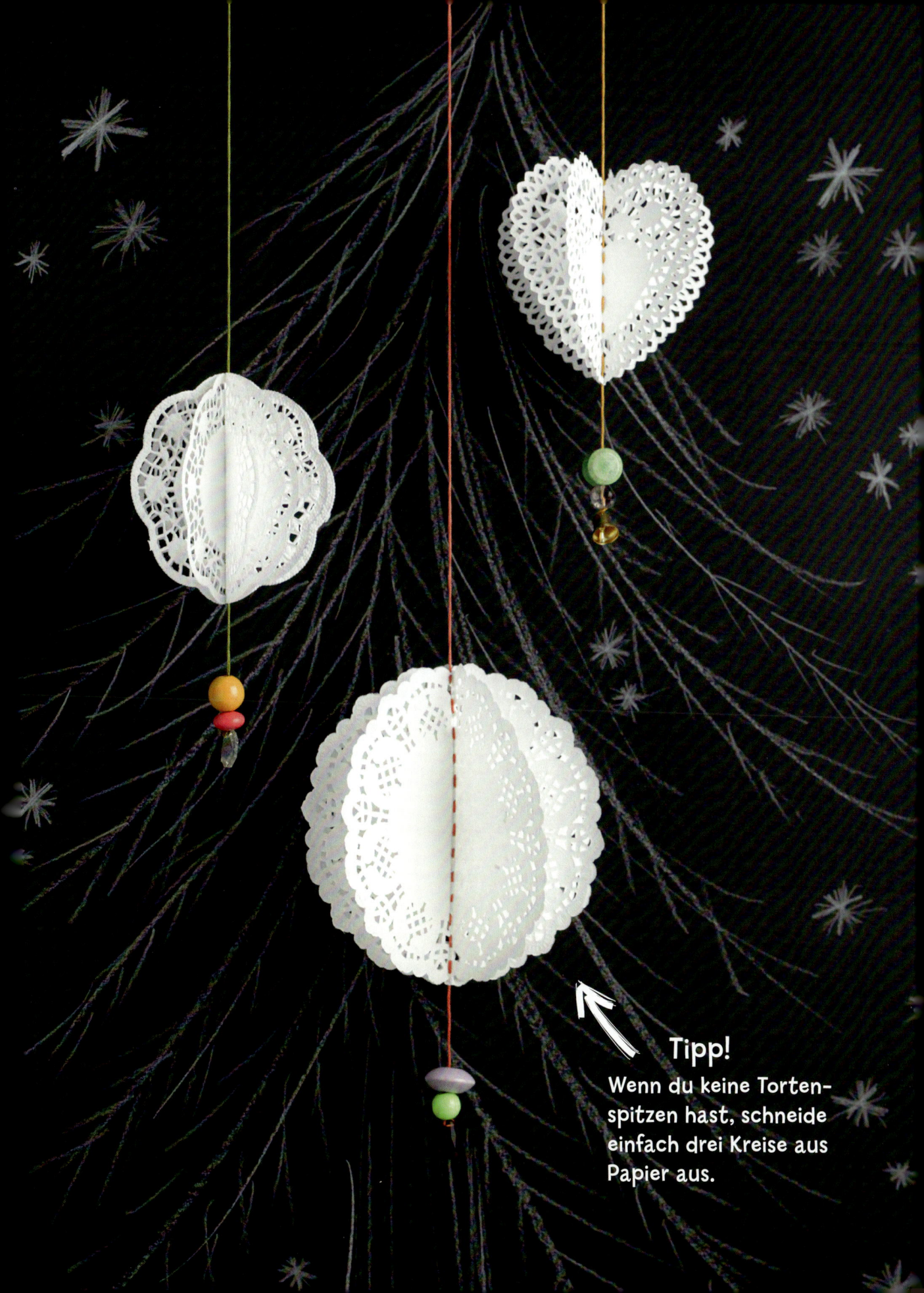

Tipp!
Wenn du keine Torten-
spitzen hast, schneide
einfach drei Kreise aus
Papier aus.

Teelicht-ornamente

* Teelichter
* alte Zeitschriften, Fotos oder Zeichnungen
* alles Mögliche zum Verzieren, z. B. Masking Tape, Pfeifenputzer, Glitzerkleber oder Glanzbilder
* Kordel oder Wolle zum Aufhängen
* flüssiger Klebstoff
* Schere
* Bleistift

1, 2, 3 - basteln!

1

Den Rand der leeren Teelicht-Schale mit der Schere so ein-schneiden, dass Zacken, Bögen oder Fransen entstehen.

2

Ein Teelicht auf ein schönes Motiv platzieren und mit dem Bleistift drumherum zeichnen.

3

Die kreisförmige Kontur aus-schneiden und in das Teelicht kleben.

4

Das Teelicht nach Lust und Laune mit Masking Tape, Flitter, Pfeifen-putzern o. Ä. aufhübschen.

5

Die Schritte 1–4 mit einem zwei-ten Teelicht wiederholen. Beide Teile mit einem Stück Kordel dazwischen aufeinanderkleben.

6

Zum Trocknen fest aneinander-drücken.

Oh Tannenbaum, oh Tannenbaum ...

... wie grün sind deine Blätter ...

Pompon-vögel

* Wollreste nach Wunsch
* Papier
* dickere Pappe (z. B. Rücken eines Zeichenblocks)

* Filzstifte
* Schere

Vorlage Seite 92

Los gehts

1

Ca. 50 cm langen Wollfaden zurechtschneiden und zwischen Ring- und Mittelfinger legen.

2

Verschiedenfarbige Wollreste um die Hand wickeln.

3

Faden aus Schritt 1 um den Wollknäuel schlingen und fest verknoten. Faden auf Rückseite des Knäuels legen, zusammenziehen und verknoten.

4

Seiten des Wollknäuels aufschneiden. Bommel rundherum auf eine Länge schneiden. Nicht den langen Faden abschneiden!

5

Die Vogel-Vorlage auf die Pappe übertragen und ausschneiden. Aus dem Vogelrücken ein Dreieck herausschneiden.

6

Vogel nach Lust und Laune bemalen. Bommel in die ausgeschnittene Lücke stecken – der lange Faden liegt als Aufhänger oben.

Monsterstulpen

Tipp!
Ist das Armstück des Pullovers zu breit, kannst du die Monsterstulpen mit der Nähmaschine oder von Hand entlang der Naht enger nähen.

- alter, verfilzter Wollpulli (z. B. weil er zu heiß gewaschen wurde)
- kontrastfarbige Wolle
- 4 große weiße und 4 kleinere dunkle Knöpfe
- dunkles Nähgarn
- dicke Wollnadel
- Stecknadel
- Nähnadel
- Schere

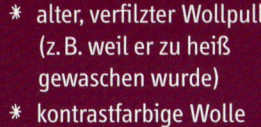

1, 2 , 3 ...

1 Ärmel abschneiden. Mit dem Bündchen zuerst über die Hand ziehen. Die Stelle des mittleren Mittelfingergelenks mit der Stecknadel markieren. Dort Stulpen zurechtschneiden.

2 Stulpen überziehen und Stelle des Daumens markieren. Ein kleines Loch für den Daumen einschneiden.

3 Mit der Wollnadel und kontrastreicher Wolle die Schnittstelle mit Schlingstich (siehe S. 9) vernähen.

... fertig!

4 Auch das Daumenloch mit Schlingstich (siehe S. 9) versäubern.

5 Die dunklen Knöpfe auf die hellen legen und mit Garn und Nähnadel festnähen.

6 Mit einem andersfarbigen Wollfaden den Mund mit Stielstich (siehe S. 9) und eine Nase aufsticken.

Vorlagen

Specht
Seite 66

Pomponvogel
Seite 88

Steckenpferd
Seite 56

Auge

Sommersprossen
Seite 34

Pupille

Ohr

Muttertagsorden
Seite 28

Familienbande
Seite 78

93

Buchtipps für dich!

Du wünschst dir noch mehr Ideen zum Basteln und Spielen?
Dann wirst du in diesen Büchern bestimmt fündig!

TOPP 5997
ISBN 978-3-7724-5997-9

TOPP 5685
ISBN 978-3-7724-5685-5

TOPP 5715
ISBN 978-3-7724-5715-9

TOPP 5957
ISBN 978-3-7724-5957-3

TOPP 5958
ISBN 978-3-7724-5958-0

TOPP 5672
ISBN 978-3-7724-5672-5

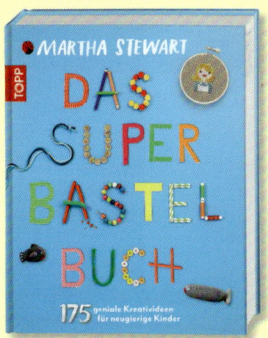

TOPP 5999
ISBN 978-3-7724-5999-3

TOPP 5956
ISBN 978-3-7724-5956-6

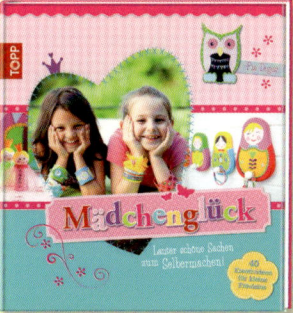

TOPP 5780
ISBN 978-3-7724-5780-7

TOPP 5695
ISBN 978-3-7724-5695-4

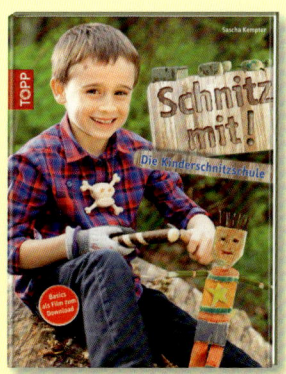

TOPP 5684
ISBN 978-3-7724-5684-8

TOPP 5711
ISBN 978-3-7724-5711-1

TOPP 5959
ISBN 978-3-7724-5959-7

TOPP 5797
ISBN 978-3-7724-5797-5

TOPP 5764
ISBN 978-3-7724-5764-7

Autorin

Johanna Rundel, geboren 1979, ist Desig-
nerin, Grafikerin und Illustratorin. Sie liebt
Handwerken, Stricken, Sticken, Nähen und
Basteln und berichtet auf ihrem Blog
www.johannarundel.de mehrmals pro Woche,
was ihr kreatives Herz bewegt. Johanna Rundel lebt mit ihrem Mann und ihren beiden
Kindern in Frankfurt am Main.

Danke!

Danke an meine großartige Familie! Ich danke meinem liebs-
ten Mann Jean, der mich jederzeit in meinem Bastelwahn
unterstützt, meiner Mama für das beste Essen der Welt und
meinem Papa für den Arbeitsraum und den Werkzeugfundus.
Danke an meine Schwester Theresa, die mir bei allen Foto-
fragen unter die Arme greift. Außerdem einen lieben Dank
an meine Freunde, die immer für mich da sind, und an meine
treuen Leser, die mich jeden Tag aufs Neue davon überzeugen,
dass das, was ich tue, das Richtige ist!

Für die tolle Materialunterstützung bedanken wir uns bei den
Firmen Coats (Kenzingen), Efco (Rohrbach), Knorr-Prandell
(Lichtenfels), Marabu (Tamm), Rayher (Laupheim),
Rico-Design (Brakel) und UHU (Bühl).

Servicegarantie
Hilfestellungen zu allen Fragen, die
Materialien und Bastelbücher betreffen:
Frau Erika Noll berät Sie.
Rufen Sie an: 05052/911858*

*normale Telefongebühren

Impressum

MODELLE UND ARBEITSSCHRITTFOTOS: Johanna Rundel (Schrittfotos S. 8: Alice Hörnecke, S. 9: frechverlag)
FOTOS: frechverlag GmbH, 70499 Stuttgart; lichtpunkt, Michael Ruder, Stuttgart
IDEE, KONZEPT UND PRODUKTMANAGEMENT: Angela Vornefeld
LEKTORAT: Angelika Sust
LAYOUT UND SATZ: Sophia Höpfner
DRUCK: Himmer AG, Augsburg

Printed in Neografia a.s. Slowakei

2. Auflage 2015

© 2015 frechverlag GmbH, 70499 Stuttgart

ISBN 978-3-7724-5992-4 • Best.-Nr. 5992